Feldfrüchte

von Dr. Erwin Eigner

gezeichnet von
Heinrich Heisters

König

Die Landwirte versorgen uns mit den wichtigsten Nahrungsmitteln. Sie bestellen die Äcker mit Feldfrüchten aller Art. Krankheiten, Schädlinge und Unkräuter gefährden die Pflanzen und müssen bekämpft werden. Gegen Unwetter gibt es allerdings noch kein Mittel.

Siebert Verlag

Getreide

Seit vielen tausend Jahren ist das Getreide unser wichtigstes Nahrungsmittel. Die Körner von Roggen, Weizen und Gerste stecken in Ähren, die des Hafers in Rispen (von links nach rechts). Jedes Getreidekorn ist von einer festen Schale umgeben. Es enthält den Keimling (junge Pflanze) und den Mehlkörper (links).

Flachs (Lein)
Feine Fasern durchziehen die Stängel des Flachses. Es kostet viel Mühe und Zeit, diese aus den Pflanzen zu befreien. Aus den Fasern, dem Werg, wird Leinen gewebt. Heute hat die billige Baumwolle die alte Faserpflanze von den Äckern verdrängt. Nur „Leinöl" ist noch immer gefragt. Es wird aus den Samen gepresst. Sie reifen in Fruchtkapseln heran.

Hopfen
Seit über tausend Jahren wird in einigen Gegenden unseres Landes Hopfen angebaut. Nur die weiblichen Hopfenpflanzen (Mitte) liefern die grünlich gelben Fruchtzapfen (rechts). Sie enthalten das „Hopfenbitter". Es verleiht dem Bier Geschmack und Haltbarkeit. In Auwäldern wächst noch wilder Hopfen. Hier findest du auch männliche Pflanzen (links).

Kopfkohl
An den Felsenküsten Europas wächst der Wildkohl (unten Mitte). Auf ihn gehen die vielen Sorten Gemüsekohl zurück. Beim Weißkohl (unten links), Rotkohl (oben links) und Wirsing (oben rechts) schließen sich die Blätter zu einem ,,Kopf'' zusammen. Aus fein geschnittenem Weißkohl wird Sauerkraut bereitet.

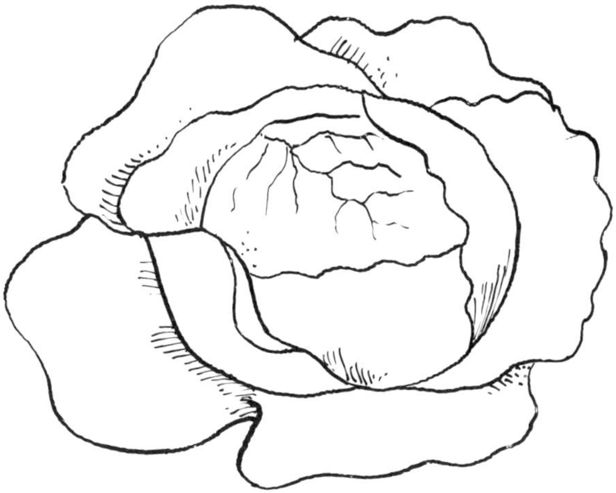

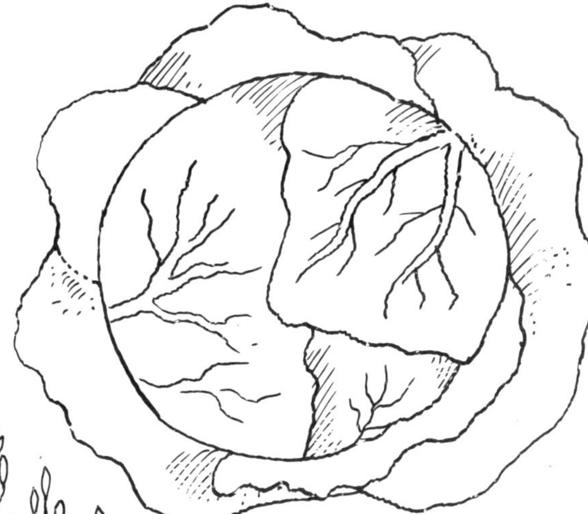

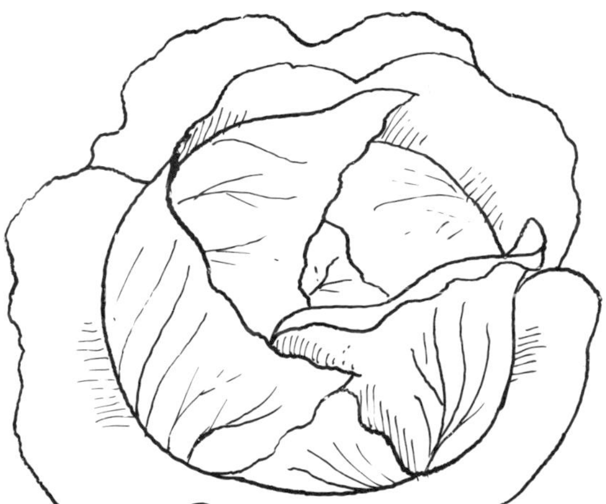

Kartoffel

Die Indianer Südamerikas waren die Ersten, die Kartoffeln aßen. Spanier brachten das Gewächs nach Europa. Hier wurde es lange Zeit als Zierpflanze und erst viel später als Nahrungspflanze angebaut.

Die Italiener nannten die dem Trüffelpilz ähnlichen Knollen „tartuffoli“. Daraus entstand unser Wort Kartoffel.

Mais

Bei den Indianern lernten die Spanier eine neue Getreidepflanze kennen, den Mais. Sie führten den Anbau dieser Feldfrucht in Europa ein. Mais trägt zweierlei Blüten. Die „Wedel“ an der Spitze enthalten Blütenstaub (Pollen). Der Wind trägt ihn an die Stempelblüten in den Blattachseln. Nach ihrer „Bestäubung“ wachsen sie zu Kolben heran, die dicht mit Körnern besetzt sind. Pflanze und Körner werden hauptsächlich an Vieh verfüttert.

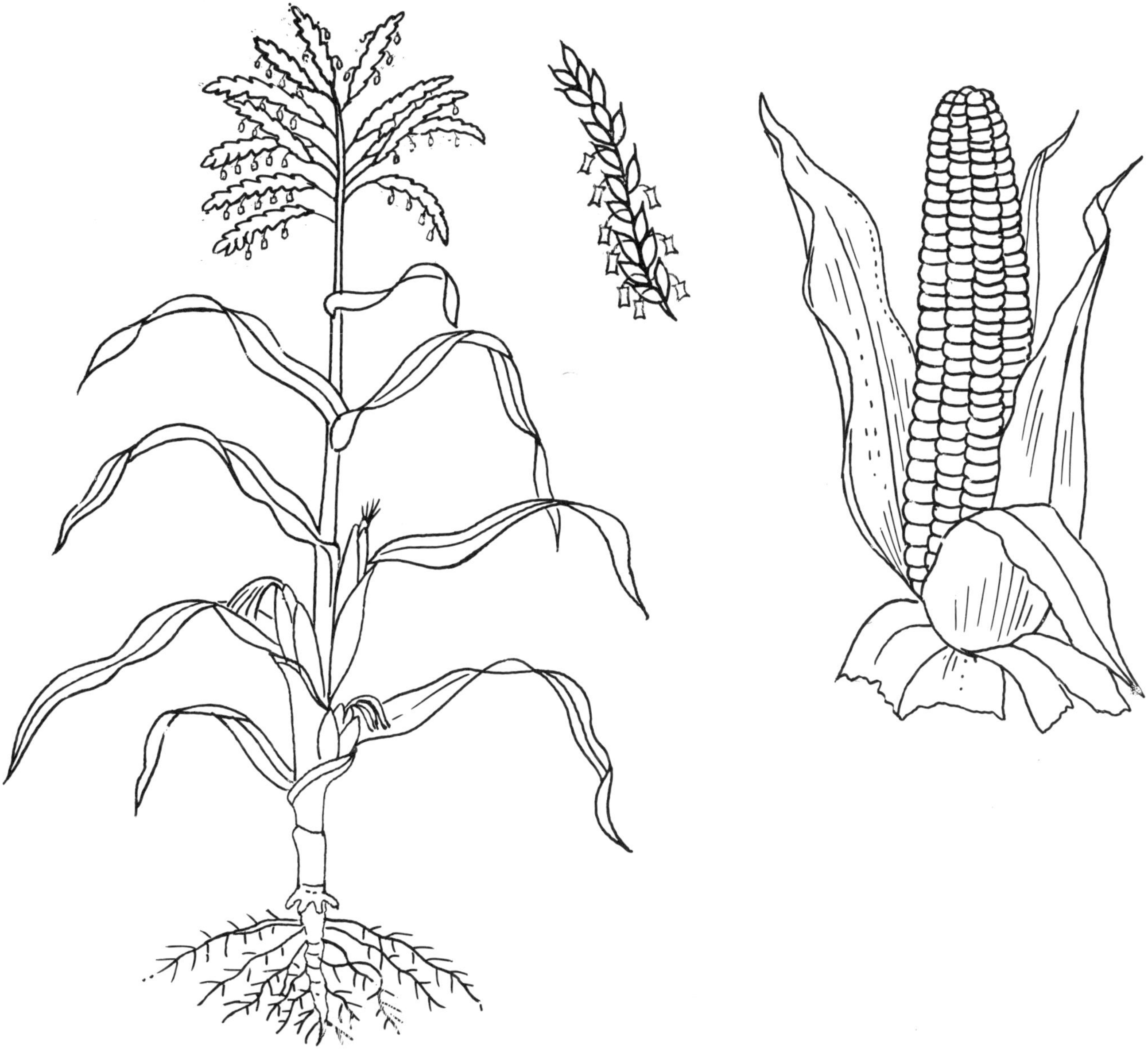

Raps

Die goldgelben, duftenden Rapsblüten locken im Frühjahr Schwärme von Bienen an. Sie sammeln eifrig Pollen und Honig. Dabei übertragen sie unabsichtlich Pollen aus den Staubbeuteln (oben links) auf die Stempel (oben). Erst dadurch reifen diese zu Schoten mit Samen heran. Schoten heißen die Früchte des Rapses. Der Bauer erntet die Samen dieser Ölpflanze und verkauft sie an Ölmühlen. Dort wird aus ihnen Speiseöl gepresst.

Runkel- und Zuckerrübe

Aus der wild wachsenden „Meerrübe" der Mittelmeerländer (links) ging die Runkelrübe (rechts) hervor. Von Italien breitete sich der Anbau nach Deutschland aus. Das Vieh frisst die saftigen Blätter und im Winter die dicken, fleischigen Rüben sehr gerne. Vor mehr als zweihundert Jahren gelang es dem Apotheker Marggraf, aus dieser Rübe Zucker zu gewinnen. Aus zuckerreichen Runkelrüben wurden die Zuckerrüben (Mitte) gezüchtet. Sie werden jedes Jahr aus Samen (Bild) gezogen.

Futterpflanzen
Landwirte brauchen für ihr Vieh viel Futter. Saftiger Rotklee (links) dient als Sommerfutter, Kleeheu als Winterfutter.
Die Luzerne (Mitte) kommt aus Asien. Die meterlangen Wurzeln holen selbst aus sandigem Boden noch genügend Wasser.
Die rot blühende Esparsette (rechts) stammt aus den Mittelmeerländern.

Feldfrüchte, unsere wichtigsten Nahrungspflanzen, sollten wir schon kennen.

1. Wodurch sind Feldfrüchte gefährdet?
2. Wie heißen die wichtigsten Getreidearten?
3. Wie heißen die Pflanzenteile, welche die Getreidekörner enthalten?
4. Aus welchen Teilen besteht ein Getreidekorn?
5. Nenne Faserpflanzen.
6. Was ist Werg?
7. Nenne einheimische Ölpflanzen.
8. Welche Hopfenpflanzen werden in Hopfengärten gezüchtet?
9. Welche Teile des Hopfens enthalten das ,,Hopfenbitter''?
10. Warum wird Hopfen zum Bierbrauen benötigt?
11. Wie heißen unsere wichtigsten Kopfkohlarten?
12. Wozu werden Runkel- und Zuckerrüben angebaut?
13. Welche Feldfrüchte wurden von den Indianern Südamerikas übernommen?
14. Erkläre das Wort Kartoffel.
15. Welche Futterpflanzen kennst du?

Antworten

1. Durch Krankheiten, Schädlinge, Unkräuter und Unwetter.
2. Roggen, Gerste, Weizen, Hafer und auch der Mais.
3. Ähren (Roggen, Gerste, Weizen), Rispen (Hafer) und Kolben (Mais).
4. Aus Schale, Keimling und Mehlkörper.
5. Flachs (Lein) und Baumwolle.
6. Die Fasern des Flachses (Werg dient zur Abdichtung von Leitungsrohren.)
7. Flachs (Lein) und Raps.
8. Weibliche Hopfenpflanzen.
9. Die Fruchtzapfen der weiblichen Hopfenpflanze.
10. Hopfen verleiht Bier den herben Geschmack und die Haltbarkeit.
11. Weißkohl, Rotkohl und Wirsing. Die beiden Ersten werden häufig auch Weißkraut und Blaukraut genannt.
12. Runkelrüben als Viehfutter, Zuckerrüben zur Zuckergewinnung.
13. Kartoffel und Mais.
14. Das Wort Kartoffel kommt aus dem italienischen „tartuffoli". Es bedeutet dem Trüffelpilz ähnliche Knollen.
15. Mais (und andere Getreidearten), Runkelrüben, Rotklee, Luzerne und Esparsette. Auch Kartoffeln werden häufig verfüttert.